Bibliografische Information der Deutschen Nationalbibliothek:

Die Deutsche Bibliothek verzeichnet diese Publikation in der Deutschen National-
bibliografie; detaillierte bibliografische Daten sind im Internet über http://dnb.d-
nb.de/ abrufbar.

Impressum:

Copyright © 2017 GRIN Verlag, Open Publishing GmbH
Druck und Bindung: Books on Demand GmbH, Norderstedt Germany
ISBN: 9783668465350

Dieses Buch bei GRIN:

http://www.grin.com/de/e-book/368030/streikrecht-im-internationalen-kontext-
geht-es-mit-diesem-menschenrecht

Markus Ort

Streikrecht im internationalen Kontext. Geht es mit diesem Menschenrecht bergab?

GRIN Verlag

GRIN - Your knowledge has value

Der GRIN Verlag publiziert seit 1998 wissenschaftliche Arbeiten von Studenten, Hochschullehrern und anderen Akademikern als eBook und gedrucktes Buch. Die Verlagswebsite www.grin.com ist die ideale Plattform zur Veröffentlichung von Hausarbeiten, Abschlussarbeiten, wissenschaftlichen Aufsätzen, Dissertationen und Fachbüchern.

Besuchen Sie uns im Internet:

http://www.grin.com/

http://www.facebook.com/grincom

http://www.twitter.com/grin_com

Streikrecht im internationalen Kontext – geht es mit diesem Menschenrecht bergab?

Seminararbeit von

Markus Ort

17. Januar 2017

Inhaltsverzeichnis

Abbildungsverzeichnis

Tabellenverzeichnis

Abkürzungsverzeichnis

ABl. = Amtsblatt der Europäischen Union

Abs. = Absatz

AEUV = Vertrag über die Arbeitsweise der Europäischen Union

BAG = Bundesarbeitsgericht

BayPVG = Bayerisches Personalvertretungsgesetz

BeamtStG = Beamtenstatusgesetz

BGBl. = Bundesgesetzblatt

bspw. = beispielsweise

BVerfG = Bundesverfassungsgericht

BVerwG = Bundesverwaltungsgericht

bzgl. bezüglich

ca. = circa

ebd. = ebenda

EGMR = Europäischer Gerichtshof für Menschenrechte

EMRK = Europäische Konvention zum Schutz der Menschenrechte und
Grundfreiheiten

ESC = Europäische Sozialcharta

EU = Europäische Union

EuGH = Europäischer Gerichtshof

EUV = Vertrag über die Europäische Union

gem. = gemäß

GG = Grundgesetz für die Bundesrepublik Deutschland

ggf. = gegebenenfalls

ggü. = gegenüber

GRC = Charta der Grundrechte der Europäischen Union

i. d. F. = in der Fassung

IAO = Internationale Arbeitsorganisation

insb. = insbesondere

IPbpR = Internationaler Pakt über bürgerliche und politische Rechte

IPWSKR = Internationaler Pakt über wirtschaftliche, soziale und kulturelle
Rechte

NJW = Neue Juristische Wochenschrift

NVwZ = Neue Zeitschrift für Verwaltungsrecht

NZA = Neue Zeitschrift für Arbeitsrecht

o. Ä. = oder Ähnliches

Rn. = Randnummer

S. = Seite

sog. = so genannte/r

u. = unter

u. A. = unter Anderem

u. U. = unter Umständen

UN = United Nations

v. = vom

vgl. = vergleiche

z. B. = zum Beispiel

1 Einführung

In Deutschland wird – im Verhältnis zu anderen Ländern – wenig gestreikt.[1] Für manche Berufsgruppen (Beamte, Richter und Soldaten), soll
sogar ein generelles Streikverbot gelten.[2] Dies widerspricht allerdings
teilweise internationalem Recht.[3] Bedenkt man, dass das Streikrecht ein
Menschenrecht darstellt,[4] führt dies unweigerlich zu der Frage, ob es für
Deutschland mit den Menschenrechten bergab geht und das Streikrecht
faktisch leer läuft.

Um diese Frage näher zu beantworten, wird diese Arbeit nach der Einfüh-
rung in Kapitel 1 in:

- Kapitel 2: die Begrifflichkeiten der Menschenrechte im Allgemeinen und des Streikrechts im Speziellen klären.
- Kapitel 3: die internationalen Regelungen bezüglich des Streikrechts vorstellen und betrachten, soweit sie in Deutschland an-
  wendbar sind.
- Kapitel 4: die nationalen Rechtsgrundlagen zum Streikrecht be-
  leuchten.
- Kapitel 5: untersuchen, wie es um die Streikpraxis in Deutschland
  konkret bestellt ist.
- Kapitel 6: in einem Fazit die Frage beantworten, ob es mit dem
  Streikrecht im internationalen Kontext bergab geht.

Aufgrund des begrenzten Umfangs einer Seminararbeit wird das Thema
in komprimierter Form dargestellt. Dem interessierten Leser sei daher für
weiter reichende Recherchen ein Blick ins Literaturverzeichnis und die
Rechtsprechungssammlung empfohlen. Dort wird vertiefende Literatur
aufgeführt.

Auch ist explizit darauf hingewiesen, dass arbeitsrechtliche Fragestellun-
gen in der vorliegenden Arbeit nicht behandelt werden, da diese bereits in
einer anderen Studienarbeit behandelt wurden.[5] Auch sind sie für die
Bewertung des Menschenrechts Streikrecht weitestgehend unerheblich.

---

[1] Die Welt (Streikrepublik, 2015), abgerufen am: 18.12.2016.
[2] Vgl. BVerwG v. 27.02.2014, NVwZ 2014, 736.
[3] Vgl. bspw. EGMR v. 21.04.2009, NZA 2010, 1423.
[4] Vgl. Schubert/Klein, Politiklexikon, 2016, Menschenrechte.
[5] Vgl. Ort, Streikrecht, 2016.

2 Begriffsdefinitionen

2.1 Menschenrecht

Rechte, die jeder Person allein aufgrund ihres Menschseins zustehen, ohne dass es eines Verleihungsaktes durch den Staat bedarf, werden als Menschenrechte bezeichnet und stehen als solche über den von Staaten erlassenen Rechten.[6] Auf sie kann sich folglich jede natürliche Person berufen.

Für die Einteilung der Menschenrechte in Kategorien sei auf Tabelle 1 verwiesen.

Kategorien der Menschen-rechte	Zugeordnete Menschenrechte/ Zustehende Rechte
Liberale Verteidigungsrechte	Leben, Sicherheit, (körperliche) Unversehrtheit, Eigentum, Meinungsfreiheit, Glaubensfreiheit, Gewissensfreiheit, Gleichbehandlung (bzw. Diskriminierungsverbot), Widerstand bei Unterdrückung
Demokratische und soziale Rechte	Freizügigkeit, Versammlungsfreiheit, Vereinigungsfreiheit, Koalitionsfreiheit, Wahlrecht, Erwerbsmöglichkeit, gerechter Lohn, Bildung

Tabelle 1: Einteilung der Menschenrechte[7]

Ihre Verwirklichung in der Praxis ist das Ziel, auf welches die Völker und staatlichen Institutionen der Welt gemeinsam hinarbeiten, wie bereits der Präambel der Allgemeinen Erklärung der Menschenrechte zu entnehmen ist.[8]

2.2 Streikrecht

Unter Streikrecht ist das Recht des einzelnen zu verstehen, sich an einem Streik zu beteiligen bzw. einer Gewerkschaft/Arbeitnehmerorganisation einen Streik durchzuführen.

---

[6] Vgl. Schubert/Klein, Politiklexikon, 2016, Menschenrechte.

[7] Ebd.

[8] Resolution 217 A (III) der Vereinten Nationen v. 10.12.1948 Allgemeine Erklärung der Menschenrechte.

Ein Streik liegt nach allgemeiner Definition vor, wenn ein Kollektiv in einem Arbeitskampf die Arbeit planmäßig (vorübergehend)[9] niederlegt, um dadurch Druck auf die Arbeitgeberseite auszuüben, um so ein verfolgtes Ziel zu erreichen.[10] Diese Arbeitsniederlegung darf nicht die Betriebseinstellung verfolgen.[11]

Das Merkmal des **Kollektivs** ist immer dann erfüllt, wenn eine Mehrzahl von Personen gemeinschaftlich und organisiert handelt. U. U. kann eine kleine Gruppe von Personen ausreichend sein, wenn diese entsprechende Schlüsselpositionen innehaben.[12] Weigert sich nur ein einzelner Mitarbeiter seinen arbeitsvertraglichen Pflichten nachzukommen, so handelt es sich hierbei noch nicht um einen Streik.[13]

Planmäßig wird die Arbeit dann niedergelegt, wenn die Beschäftigten zu Arbeiten aufhören, weil sie bewusst den Arbeitgeber hierdurch wirtschaftlich schädigen[14] und dadurch zur Mitwirkung an Verhandlungen über Tarifvertragsabschlüsse zwingen wollen. Es ist außerdem erforderlich, dass der Streik als Arbeitskampfmittel durch eine Gewerkschaft getragen wird.[15] Sie erfolgt folglich nicht planmäßig, wenn es tatsächlich zur Arbeitsniederlegung kommt bspw. aufgrund einer verspäteten Just-in-Time Lieferung oder einer technischen Störung, obwohl die Beschäftigten aber eigentlich weiter arbeiten möchten. Neben der **Arbeitsniederlegung** zählt auch die Berichterstattung der Öffentlichkeit ggü. oder die Beeinflussung arbeitswilliger Kollegen durch die Streikenden zu den Maßnahmen des Streiks.[16]

Im **Arbeitskampf verfolgte Ziele** können regelmäßig nur Tarifvertragsabschlüsse (oder Verhandlungen hierüber) sein.[17] Alle anderen Ziele dürfen durch einen Streik nicht verfolgt werden und machen daher einen Streik ggf. rechtswidrig.

Eine **Betriebseinstellung** soll nicht durch einen Streik herbeigeführt werden.[18] Dies ergibt sich aus den Zielen des Streiks. Verbesserte Arbeitsbedingungen, die in einem Tarifvertrag fixiert werden, bringen den Beschäftigten nichts mehr, wenn der Arbeitgeber aufgrund des Streikausmaßes gezwungen ist, seine Unternehmung aufzugeben. Ob die Streikenden

---

[9] Vgl. Preis, Kollektivarbeitsrecht, 2012, S. 355.
[10] Vgl. Linsenmaier, in: Müller-Glöge/Preis/Schmidt, ErfK, 2017, Art. 9 GG, Rn. 161.
[11] Vgl. BAG 30.03.1982 NJW 1982, 2835.
[12] Vgl. Preis, Kollektivarbeitsrecht, 2012, S. 355 f.
[13] Vgl. hierzu bspw. Däubler, Arbeitsrecht, 2015, Rn. 185 f.
[14] Vgl. Linsenmaier, in: Müller-Glöge/Preis/Schmidt, ErfK, 2017, Art. 9 GG, Rn. 182.
[15] Vgl. Däubler, Arbeitsrecht, 2015, Rn. 139.
[16] Vgl. Preis, Kollektivarbeitsrecht, 2012, S. 356.
[17] Vgl. Däubler, Arbeitsrecht, 2015, Rn. 137.
[18] Vgl. BAG 30.3.1982 NJW 1982, 2835.

aber die Absicht hegen müssen, nach dem Arbeitskampf wieder ihre unterbrochene Arbeit aufzunehmen, ist umstritten.[19]

Das Streikrecht ist an unterschiedlicher Stelle national und international garantiert.[20] Die wichtigsten Normierungen werden nachfolgend in ihrer Geltung für Deutschland kurz vorgestellt.

---

[19] Vgl. Preis, Kollektivarbeitsrecht, 2012, S. 355.

[20] Vgl. für die wichtigsten Normen die Kapitel 3 und 4 dieser Arbeit.

3 Internationale Regelungen zum Streikrecht und ihre Geltung in Deutschland

3.1 Durch die United Nations

Die nachfolgend genannten Normen entstammen völkerrechtlichen Verträgen. Da diese ratifiziert wurden, gelten sie auch in Deutschland.

3.1.1 Art. 8 IPWSKR

Art. 8 I lit. d) IPWSKR[21] (auch UN-Sozialpakt) ist die erste eindeutige internationale Verankerung einer Streikrechtsgarantie.[22] Die Ausübung des Streikrechts wird hier geschützt, solange sie in Übereinstimmung mit der Rechtsordnung des jeweiligen Staates erfolgt.

Das Streikrecht kann gem. Art. 8 II IPWSKR für Angehörige von Polizei, Streitkräften und öffentlicher Verwaltung eingeschränkt werden.

Die Möglichkeiten zur Einschränkung des Streikrechts ist allerdings gem. Art. 8 III IPWSKR für die Vertragsstaaten des IAO-Übereinkommens Nr. 87[23] eingeschränkt. Dessen Garantien dürfen nicht unterlaufen werden.

Für Deutschland wird vom UN-Sozialpaktausschuss (einem Gremium, dass die Einhaltung des UN-Sozialpaktes überwacht) geltend gemacht, dass dieser völkerrechtliche Vertrag in Deutschland zu geringe Beachtung findet, da er
- von der Judikative in der Rechtsprechung nicht zitiert,
- von der Legislative bei der Gesetzgebung nicht beachtet,
- von der Exekutive in der Politik nicht umgesetzt

wird.[24]

3.1.2 Art. 22 IPbpR

Der IPbpR[25] oder auch UN-Zivilpakt gilt in Deutschland mindestens als einfaches Bundesrecht.

---

[21] Internationaler Pakt über wirtschaftliche, soziale und kulturelle Rechte (IPWSKR) vom 19. Dezember 1966 (BGBl. 1973 II S. 1569), UN-Doc A/RES/2200 A (XXI).

[22] Vgl. Lörcher, in: Däubler, Arbeitskampfrecht, 2011, § 10 Rn. 55.

[23] Übereinkommen über die Vereinigungsfreiheit und den Schutz des Vereinigungsrechtes (IAO-Übereinkommen Nr. 87) von 1948, in Kraft getreten am 4. Juli 1950.

[24] Vgl. Lörcher, in: Däubler, Arbeitskampfrecht, 2011, § 10 Rn. 58.

[25] Internationaler Pakt über bürgerliche und politische Rechte (IPbpR) vom 19. Dezember 1966 (BGBl. 1973 II S. 1533).

Da er in seinen Formulierungen explizit Rechte zuspricht, wird diskutiert, ob er evtl. sogar übergesetzlich gelten müsste.[26] In seinem Art. 22 normiert er die Garantie der Koalitionsfreiheit. Dass diese Garantie auch das Streikrecht mit umfasst, war früher umstritten,[27] wird aber inzwischen anerkannt.[28]

Das Streikrecht kann gem. Art. 22 II IPbpR eingeschränkt werden, wenn dies erforderlich ist, um
- die nationale oder öffentliche Sicherheit,
- die öffentliche Ordnung,
- den Schutz der Volksgesundheit,
- die öffentliche Sittlichkeit oder
- die Rechte und Freiheiten anderer zu gewährleisten.

Neben diesen generellen Möglichkeiten zur Einschränkung des Streikrechts, lässt der UN-Zivilpakt explizit zu, das Streikrecht für Polizei und Streitkräfte gesetzlich zu beschneiden. Ein allgemeines Beamtenstreikverbot lässt sich hiermit allerdings nicht vereinbaren.[29]

Wie bereits in Art. 8 III IPWSKR, so stellt auch Art. 22 III IPbpR für Deutschland erneut klar, dass das Streikrecht nicht soweit eingeschränkt werden darf, dass die Garantien der IAO-Übereinkommens Nr. 87 umgangen werden.

3.1.3 Art. 3 I IAO-Übereinkommen Nr. 87

Art. 3 I des IAO-Übereinkommen Nr. 87 garantiert die Vereinigungsfreiheit und schützt das Vereinigungsrecht für die Arbeitnehmer, wie auch für die Arbeitgeber. Der Streik, wie auch der gesamte Arbeitskampf, wird hierbei nicht erwähnt. Dennoch haben die IAO-Überwachungsausschüsse den Streik als von Art. 3 I IAO-Übereinkommen Nr. 87 mit umfasst angesehen.[30] Zwar muss Deutschland selbst als Vertragsstaat diese Einschätzung nicht teilen,[31] dennoch wird es regelmäßig von diesen Ausschüssen wegen seines zu engen Streikrechts und dem generellen Beamtenstreikverbot kritisiert.[32] Sowohl der EuGH, wie auch der EGMR beziehen sich aber gleichwohl darauf, dass das Streikrecht von Art. 3 mit umfasst wird.[33]

3.2 Europa

---

[26] Vgl. Lörcher, in: Däubler, Arbeitskampfrecht, 2011, § 10 Rn. 61.

[27] Vgl. Lörcher, in: Däubler, Arbeitskampfrecht, 2011, § 10 Rn. 62.

[28] Vgl. Lörcher, in: Däubler, Arbeitskampfrecht, 2011, § 10 Rn. 63.

[29] Vgl. ebd.

[30] Vgl. Preis, Kollektivarbeitsrecht, 2012, S. 338.

[31] Vgl. ebd.

[32] Vgl. Lörcher, in: Däubler, Arbeitskampfrecht, 2011, § 10 Rn. 53.

[33] Vgl. Lörcher, in: Däubler, Arbeitskampfrecht, 2011, § 10 Rn. 47.

Die europäischen Streikrechtsgarantien wurden erlassen einerseits durch die EU und andererseits durch den Europarat.

3.2.1 Art. 28 GRC

Die GRC[34] bildet zusammen mit dem EUV[35] und dem AEUV[36] das Primärrecht der EU.[37] Dieses stellt eine Grundordnung des Rechts dar und verpflichtet die EU-Mitgliedstaaten.[38] Das EU-Recht genießt ggü. dem nationalen Recht Deutschlands Anwendungsvorrang, wenn es diesem entgegen steht.[39] Dies gilt auch ggü. dem Grundgesetz.[40]

Unionsrechtlich ist das Recht der Arbeitnehmer und ihrer Organisationen, für den Abschluss von Tarifverträgen zu streiken, in Art. 28 GRC garantiert. Hierbei sind allerdings die Rechtsvorschriften des jeweiligen Einzelstaates und seine Gepflogenheiten mit zu berücksichtigen. Dieses nationale Recht darf aber nicht den Wesensgehalt des Grundrechts Streik beschneiden oder unterlaufen.[41] Neben dem Recht auf Streik sind noch weitere kollektive Maßnahmen zur eigenen Interessenwahrung geschützt.

Zu beachten ist, dass der Begriff der „Arbeitnehmer" hier nicht mit dem engen deutschen Arbeitnehmerbegriff gleichgesetzt werden darf. Er umfasst vielmehr als Arbeitnehmerbegriff des Rechts der Union alle in Abhängigkeit beschäftigten Menschen,[42] worunter bspw. auch die Beamten fallen, obwohl sie nach deutschem Recht in einem öffentlich-rechtlichen Dienst- und Treueverhältnis stehen (vgl. hierzu § 3 I BeamtStG[43]) und nicht in einem Arbeitsverhältnis.

---

[34] Charta der Grundrechte der Europäischen Union (GRC) i. d. F. vom 12. Dezember 2007 (ABl. Nr. C 303 S. 1).

[35] Vertrag über die Europäische Union i. d. F. des Vertrags von Lissabon (EUV) vom 13 Dezember 2007 (ABl. Nr. C 306 S. 1, ber. ABl. 2008 Nr. C 111 S. 56, ABl. 2009 Nr. C 290 S. 1, ABl. 2011 Nr. C 378 S. 3) zuletzt geändert durch Art. 13, 14 Abs. 1 EU-Beitrittsakte 2013 vom 09.12.2011 (ABl. 2012 Nr. L 112 S. 21).

[36] Vertrag über die Arbeitsweise der Europäischen Union (AEUV) i. d. F. vom 9. Mai 2008 (ABl. Nr. C 115 S. 47) zuletzt geändert durch Art. 2 ÄndBeschl. 2012/419/EU vom 11. 7. 2012 (ABl. Nr. L 204 S. 131).

[37] Vgl. Hakenberg, Europarecht, 2015, Rn. 212 f.

[38] Vgl. Oberrath, ÖffR, 2015, Rn. 426.

[39] Vgl. Hakenberg, Europarecht, 2015, Rn. 227; Deinert, Int-Arb, 2013, § 16 Rn. 45.

[40] Vgl. Oberrath, ÖffR, 2015, Rn. 457.

[41] Vgl. Heuschmid, in: Däubler, Arbeitskampfrecht, 2011, § 11 Rn. 57.

[42] Vgl. Heuschmid, in: Däubler, Arbeitskampfrecht, 2011, § 11 Rn. 45.

[43] Gesetz zur Regelung des Statusrechts der Beamtinnen und Beamten in den Ländern (Beamtenstatusgesetz – BeamtStG) vom 17. Juni 2008 (BGBl. I S. 1010), geändert durch Gesetz vom 5. Februar 2009 (BGBl. I S. 160).

Das Streikrecht der GRC gilt nicht uneingeschränkt.[44] Es kann vielmehr eingeschränkt werden, wenn dabei Art. 52 GRC beachtet wird. Dieser sieht in Abs. 3 vor, dass das Streikrecht nicht so weit eingeschränkt werden darf, dass es in Bedeutung und/oder Tragweite hinter das Streikrecht der EMRK[45] zurück fällt (welches hier ebenfalls garantiert ist). Eine solche Beschneidung des Streikrechts muss gem. Abs. 1 gesetzlich vorgesehen sein und darf nur soweit gehen, dass der Wesensgehalt dieses Rechts noch erhalten bleibt.

Außerdem kann das Streikrecht eingeschränkt werden, wenn es mit anderen Grundrechten oder Grundfreiheiten kollidiert, da diese ebenfalls zum Primärrecht gehören und daher in der Normenhierarchie auf gleicher Ebene stehen.[46]

Weitere Rechtsakte der EU bzgl. des Streik-, Arbeitskampf- und Koalitionsrechts sind nicht zu erwarten, da Art. 153 V AEUV klar regelt, dass die EU auf diesem Gebiet nicht direkt tätig wird.[47] Erlässt die EU allerdings Regelungen, die sich lediglich mittelbar auf das Arbeitskampfrecht auswirken, so können diese u. U. trotz Art. 153 V AEUV zulässig sein.[48]

3.2.2 Europarat

Der Europarat ist kein Organ der EU. Vielmehr ist er ein Organ, in welchem sich 47 Staaten Europas mit dem Ziel zusammen getan haben, gemeinsame Ziele zu erreichen.[49] Zu diesem Zweck erließ er u. A. die ESC[50] und die EMRK.

3.2.2.1 Art. 6 ESC

Art. 6 Nr. 4 ESC garantiert das Streikrecht. Er räumt den Arbeitnehmern ein Individualstreikrecht ein.[51] Seine Geltung in Deutschland ist allerdings umstritten. Ungeklärt ist, ob die ESC als völkerrechtlicher Vertrag wie ein Bundesgesetz anzuwenden ist oder ob sie bei Fragen des nationalen Rechts lediglich die Funktion einer Auslegungshilfe zu erfüllen hat.[52]

---

[44] Vgl. Schubert, in: Franzen/Gallner/Oetker, EuArb, 2016, Art. 28 GRC Rn. 51 – 63.

[45] Konvention zum Schutz der Menschenrechte und Grundfreiheiten (EMRK) vom 22. Oktober 2010 (BGBl. II S. 1198).

[46] Vgl. Schubert, in: Franzen/Gallner/Oetker, EuArb, 2016, Art. 28 GRC Rn. 58.

[47] Vgl. Gassner, in: Vedder/Heintschel von Heinegg, EU-Recht, 2012, Artikel 153 AEUV, Rn. 14.

[48] Vgl. Franzen, in: Franzen/Gallner/Oetker, EuArb, 2016, Art. 153 V AEUV Rn. 52.

[49] Vgl. Oberrath, ÖffR, 2015, Rn. 404.

[50] Europäische Sozialcharta (ESC) vom 18. Oktober 1961 in Turin.

[51] Vgl. Lörcher, in: Däubler, Arbeitskampfrecht, 2011, § 10 Rn. 22.

[52] Vgl. Preis, Kollektivarbeitsrecht, 2012, S. 336.

Entgegen der meisten anderen Streikrechtsgarantien, sieht die ESC nicht den Tarifvertragsabschluss als allein zulässiges Streikziel vor.[53] Die Zulässigkeit von politischen Streiks hängt nach der ESC davon ab, ob das Verhältnis zwischen den Parteien des Arbeitsverhältnisses betroffen (z. B. Arbeitsgesetzgebung) ist.[54]

Auch ist nach der ESC für einen Streik nicht zwingend nötig, dass dieser von einer Gewerkschaft getragen wird.[55]

Art. 6 IV ESC gilt in Europa als bedeutendste Streikrechtsgarantie. Dennoch ist ihre Beachtung in Deutschland teilweise unzureichend, weshalb der Europäische Ausschuss für Soziale Rechte auch Deutschland rügt.[56]

3.2.2.2 Art. 11 EMRK

Wie die ESC ist auch die EMRK kein Rechtsakt der EU. Sie ist vielmehr ein multilateraler Vertrag des Völkerrechts, der vom Europarat geschlossen wurde und auf den Schutz der Menschenrechte abzielt.[57] Insbesondere politische und bürgerliche Menschenrechte werden durch sie geschützt.[58]

Die EMRK gilt in Deutschland seit dem 03.09.1953, obwohl sie schon vor diesem Termin ratifiziert wurde.[59] Ihr Rang entspricht dem eines Bundesgesetzes.[60] Gebunden an ihre Regelungen ist die Bundesrepublik Deutschland aufgrund ihrer Stellung als Konventionsstaat.[61]

Das Streikrecht findet in der EMRK selbst keine unmittelbare Erwähnung. Dennoch kann gem. Art. 11 I EMRK jede Person, Gewerkschaften gründen und diesen beitreten. Einschränkungen für dieses Recht sind in Art. 11 II EMRK benannt. Aus diesem Schutzrecht der Gewerkschaften lässt sich die Garantie des Streikrechts ableiten,[62] sie gilt jedoch nur dann, wenn der streikende Mensch als Teil eines Kollektivs handelt.[63]

---

[53] Vgl. Schubert, in: Franzen/Gallner/Oetker, EuArb, 2016, Art. 6 ESC Rn. 35.

[54] Vgl. Schubert, in: Franzen/Gallner/Oetker, EuArb, 2016, Art. 6 ESC Rn. 34.

[55] Vgl. Lörcher, in: Däubler, Arbeitskampfrecht, 2011, § 10 Rn. 28.

[56] Vgl. Lörcher, in: Däubler, Arbeitskampfrecht, 2011, § 10 Rn. 34.

[57] Vgl. Schubert, in: Franzen/Gallner/Oetker, EuArb, 2016, Art. 1 EMRK Rn. 1.

[58] Vgl. Lörcher, in: Däubler, Arbeitskampfrecht, 2011, § 10 Rn. 35.

[59] Vgl. Schubert, in: Franzen/Gallner/Oetker, EuArb, 2016, Art. 1 EMRK Rn. 6.

[60] Vgl. Lörcher, in: Däubler, Arbeitskampfrecht, 2011, § 10 Rn. 38.

[61] Vgl. Schubert, in: Franzen/Gallner/Oetker, EuArb, 2016, Art. 1 EMRK Rn. 3.

[62] Vgl. Preis, Kollektivarbeitsrecht, 2012, S. 339.

[63] Vgl. Schubert, in: Franzen/Gallner/Oetker, EuArb, 2016, Art. 11 EMRK Rn. 14.

4 Nationale Regelungen zum Streikrecht in Deutschland

4.1 Grundgesetz

Das GG[64] selbst erwähnt den Streik nicht namentlich. Dennoch wird das Streikrecht als vom GG garantiert angesehen.[65] Dies wird mit der sog. instrumentellen verfassungsrechtlichen Garantie begründet,[66] welche aus der Koalitionsbetätigungsfreiheit, die in Art. 9 III GG geschützt ist, den Arbeitskampf und als seinen Bestandteil den Streik ableitet.[67] Über seine genaue Ausgestaltung und seinen Umfang schweigt das GG allerdings, weshalb diese Fragen gesetzlich zu regeln wären.[68] Da Art. 9 III GG den Arbeitskampf benennt und nur diesen (und damit auch den i. R. d. Arbeitskampfs stattfindenden Streik) schützt,[69] ergibt sich, dass wilde Streiks ebenso wie politische Streiks rechtswidrig sind und nicht dem Schutz des GG unterliegen.[70]

4.2 Gesetz

In Deutschland gibt es kein einheitliches Gesetz, in welchem das Arbeitskampf- oder Streikrecht geregelt ist.[71] Stattdessen gibt es lediglich vereinzelte Normen, die die Folgen des Arbeitskampfs (und damit auch des Streiks) regeln.[72] Diese setzen somit auch ohne gesetzliche Normierung die Existenz des Streiks voraus. Eine ausführliche Regelung dieser Materie in einem eigenständigen Gesetz wird wohl auf absehbare Zeit nicht erlassen, da es hierfür keine politischen Mehrheiten geben dürfte und auch das BVerfG bisher keine Kodifizierung gefordert hat.[73]

---

[64] Grundgesetz für die Bundesrepublik Deutschland vom 23. Mai 1949 (BGBl. I S. 1), zuletzt geändert durch Gesetz vom 23. Dezember 2014 (BGBl. I S. 2438).

[65] Vgl. Däubler, in: Däubler: Arbeitskampfrecht, 2011, § 9 Rn. 1.

[66] Vgl. Preis, Kollektivarbeitsrecht, 2012, S. 330.

[67] Vgl. Oberrath, ÖffR, 2014, Rn. 366; Jarass, in: Jarass/Pieroth, GG-Kommentar, 2016, Art. 9 Rn. 40; Arndt/Fetzer, Ö-Recht, 2013, Rn. 515.

[68] Vgl. Jarass, in: Jarass/Pieroth, GG-Kommentar, 2016, Art. 9 Rn. 47.

[69] Vgl. Preis, Kollektivarbeitsrecht, 2012, S. 332.

[70] Vgl. Jarass, in: Jarass/Pieroth, GG-Kommentar, 2016 Art. 9 Rn. 40.

[71] Vgl. Däubler, Arbeitsrecht, 2015, Rn. 132.

[72] Vgl. Preis, Kollektivarbeitsrecht, 2012, S. 340; Däubler, in: Däubler, Arbeitskampfrecht, 2011, § 9 Rn. 22.

[73] Vgl. Preis, Kollektivarbeitsrecht, 2012, S. 340.

4.3 Richterrecht

Da sich im nationalen Recht Deutschlands außer Art. 9 III GG keine Norm findet, die sich nähergehend mit dem Arbeitskampf- oder Streikrecht befasst, müssen Gerichte die bei der Durchführung von Streiks zu beachtenden Details regeln.[74]Insgesamt wurde das Streik- und Arbeitskampfrecht in der Hauptsache durch Richterrecht normiert.[75] Insb. dem BAG kommt hierbei die Aufgabe zu, die fehlenden gesetzlichen Normierungen nachzuholen,[76] bis die Legislative ihrem Versäumnis nachkommt und Gesetze für die Problematik des Arbeitskampfs erlässt.[77] Die Entscheidungen des BAG sind hierbei nicht selten umstritten.[78]

---

[74] Vgl. Preis, Kollektivarbeitsrecht, 2012, S. 340 f.

[75] Vgl. ebd.; Däubler, in: Däubler, Arbeitskampfrecht, 2011, § 9 Rn. 25.

[76] Vgl. Däubler, Arbeitsrecht, 2015, Rn. 136.

[77] Vgl. Preis, Kollektivarbeitsrecht, 2012, S. 341.

[78] Vgl. Däubler, Arbeitsrecht, 2015, Rn. 149 – 152; Däubler, in: Däubler, Arbeitskampfrecht, 2011, § 9 Rn. 29 – 30.

5 Zur Gewährung des Streikrechts in Deutschland

5.1 Voraussetzungen für die Rechtmäßigkeit eines Streiks

In Deutschland wird zwischen rechtmäßigen und rechtswidrigen Streiks unterschieden. Rechtmäßig und damit erlaubt sind Streiks, die die nachfolgenden Voraussetzungen erfüllen, die sich als Grundsätze aus der Rechtsprechung des BAG entwickelt haben[79]:

Streiks dürfen nicht gegen **gesetzliche** oder sonstige spezielle **Verbote** verstoßen.[80]

Auch dürfen sie nicht[81] gegen die **guten Sitten** verstoßen.[82]

Sie dürfen nur auf **tariflich regelbare Ziele** ausgerichtet sein. Daher scheiden Streiks, die sich an den Staat richten als politische Streiks aus.[83] Unternehmerische Entscheidungen (z. B. Standortverlagerungen, Preisfestsetzungen o. Ä.) dürfen ebenfalls nicht bestreikt werden.[84]

Ein Streik muss **gewerkschaftlich getragen** werden.[85] Dies entweder dadurch, dass eine Gewerkschaft den Streik organisiert und ausruft oder einen bereits begonnenen Streik als eigenen Streik übernimmt.[86] Streiks ohne verantwortliche Gewerkschaft sind als sog. wilde Streiks rechtswidrig.[87]

Streiks dürfen nicht in die **Friedenspflicht** fallen.[88] Dies gilt sowohl für die absolute Friedenspflicht, die jegliche Kampfhandlungen untersagt,[89] als auch für die relative Friedenspflicht, die nur verbietet, für die Regelung

---

[79] Vgl. Däubler, Arbeitsrecht, 2015, Rn. 133.

[80] Vgl. Däubler, Arbeitsrecht, 2015, Rn. 145.

[81] Vgl. Jarass, in: Jarass/Pieroth, GG-Kommentar, 2016, Art. 9 Rn. 39 f.

[82] Vgl. Däubler, Arbeitsrecht, 2015, Rn. 144.

[83] Vgl. Däubler, in: Däubler, Arbeitskampfrecht, 2011, § 13 Rn. 47; Wollenschläger, ArbR, 2010, Rn. 621.

[84] Vgl. Däubler, Arbeitsrecht, 2015, Rn. 137.

[85] Vgl. Däubler, Arbeitsrecht, 2015, Rn. 139.

[86] Vgl. Preis, Kollektivarbeitsrecht, 2012, S. 357.

[87] Vgl. ebd.; Hirdina, ArbeitsR, 2014, S. 284.

[88] Vgl. Däubler, Arbeitsrecht, 2015, Rn. 138; Wollenschläger, ArbR, 2010, Rn. 638.

[89] Vgl. Preis, Kollektivarbeitsrecht, 2012, S. 142.

von Arbeitsbedingungen zu streiken, die im aktuell wirksamen Tarifvertrag geregelt sind.[90]

Darüber hinaus müssen Streiks dem **Verhältnismäßigkeitsgrundsatz** entsprechen.[91] Die Verhältnismäßigkeit ist gewahrt, wenn der Streik
- zur Erreichung des verfolgten Ziels geeignet ist,[92]
- für die Erreichung des Ziels erforderlich ist,[93]
- ein angemessenes Mittel zur Zielerreichung darstellt,[94]
- als letztes Mittel zur Erreichung des Ziels in Betracht kommt (sog. Ultima Ratio),[95]
- wobei das Allgemeinwohl nicht offensichtlich verletzt wird.[96]

Ein Vernichtungsarbeitskampf ist verboten.[97] Daher darf ein Streik auch nicht auf die Einstellung des Betriebs und die Vernichtung des Arbeitgebers gerichtet sein. Vielmehr ist der Streik als **fairer Kampf** zu führen.[98]

Nach dem Streik sollen die Streikenden die Arbeit dort wieder aufnehmen, wo sie diese niedergelegt haben.[99] Da dies voraussetzt, dass der Betrieb noch besteht, müssen trotz Streikhandlungen während des Arbeitskampfs Maßnahmen zur Erhaltung des Betriebs und der Betriebsmittel durchgeführt werden (sog. **Erhaltungsarbeiten**).[100]

Abschließend darf der Streik auch keinen **rechtswidrigen Solidaritätsstreik** darstellen.[101] Solidaritätsstreiks sind Streiks, bei denen Arbeitgeber bestreikt werden, die nicht Kampfgegner des eigentlichen Arbeitskampfs sind[102] und daher keinen Einfluss auf den abzuschließenden Tarifvertrag haben.[103] Zulässig sind sie insbesondere dann, wenn der von ihnen betroffene Arbeitgeber entweder seine Neutralität verletzt hat (z. B. durch Produktionsübernahme) oder er wirtschaftlich mit dem eigentlichen Kampfgegner verflochten ist.[104]

---

[90] Vgl. Preis, Kollektivarbeitsrecht, 2012, S. 141.

[91] Vgl. Arndt/Fetzer, Ö-Recht, 2013, Rn. 516.

[92] Vgl. Däubler, in: Däubler, Arbeitskampfrecht, 2011, § 14 Rn. 1.

[93] Vgl. Däubler, Arbeitsrecht, 2015, Rn. 141; Preis, Kollektivarbeitsrecht, S. 397.

[94] Vgl. Däubler, Arbeitsrecht, 2015, Rn. 141.

[95] Vgl. Däubler, in: Däubler, Arbeitskampfrecht, 2011, § 14 Rn. 9; Preis, Kollektivarbeitsrecht, 2012, S. 397 f.

[96] Vgl. Preis, Kollektivarbeitsrecht, 2012, S. 406.

[97] Vgl. BAG 30.3.1982 NJW 1982, 2835.

[98] Vgl. Däubler, Arbeitsrecht, 2015, Rn. 142.

[99] Vgl. Linsenmaier, in: Müller-Glöge/Preis/Schmidt, ErfK, 2017, Art. 9 GG Rn. 180.

[100] Vgl. Linsenmaier, in: Müller-Glöge/Preis/Schmidt, ErfK, 2017, Art. 9 GG Rn. 181; Däubler, Arbeitsrecht, 2015, Rn. 143.

[101] Vgl. Däubler, Arbeitsrecht, 2015, Rn. 147.

[102] Vgl. Linsenmaier, in: Müller-Glöge/Preis/Schmidt, ErfK, 2017, Art. 9 GG Rn. 162.

[103] Vgl. Wolter, in: Däubler, Arbeitskampfrecht, 2011, § 17 Rn. 85.

[104] Vgl. Preis, Kollektivarbeitsrecht, 2012, S. 375.

5.2 Bezug zum Arbeits- und Erwerbsleben

5.2.1 Außerhalb

In Deutschland ist der Streik eine der wesentlichen Ausprägungen des Arbeitskampfs.[105] Nach dem Adressaten des Streiks und dem verfolgten Kampfziel, lassen sich von den arbeitsrechtlichen Streiks die sog. politischen Streiks abgrenzen.[106] Diese richten sich an die staatlichen Organe und versuchen, diese, durch auf sie ausgeübten Druck, zu einem bestimmten Handeln zu bewegen.[107] Da dies ein unzulässiges Streikziel darstellt, sind politische Streiks als rechtswidrig verboten[108] und ein Streik außerhalb des Arbeits- und Erwerbslebens in Deutschland daher nicht rechtmäßig möglich.

5.2.2 Innerhalb

Innerhalb des Arbeitslebens finden in Deutschland regelmäßig Streiks statt. Pro tausend Beschäftigten fallen in Deutschland jahresdurchschnittlich 16 Arbeitstage streikbedingt aus (siehe Abbildung 1).

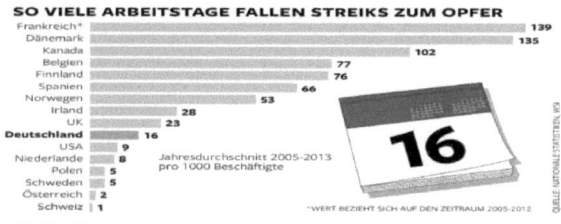

Abbildung 1: Streikbedingte Ausfalltage im internationalen Vergleich[109]

5.2.2.1 Arbeitnehmer

Betrachtet man die Anzahl der durch Streik ausfallenden Arbeitstage Deutschlands im internationalen Vergleich (siehe Abbildung 1), so kann man recht gut feststellen, dass in Deutschland relativ wenig gestreikt wird.

---

[105] Vgl. Wollenschläger, ArbR, 2010, Rn. 618; Preis, Kollektivarbeitsrecht, 2012, S. 332.

[106] Vgl. Wollenschläger, ArbR, 2010, Rn. 621.

[107] Vgl. Preis, Kollektivarbeitsrecht, 2012, S. 358, Däubler, Arbeitsrecht, Rn. 140, Linsenmaier, in: Müller-Glöge/Preis/Schmidt, ErfK, 2017, Art. 9 GG, Rn. 162.

[108] Vgl. Linsenmaier, in: Müller-Glöge/Preis/Schmidt, ErfK, 2017, Art. 9 GG, Rn. 119.

[109] Die Welt (Streikrepublik, 2015), abgerufen am: 18.12.2016.

Dadurch entsteht u. U. der Eindruck, dass für die Arbeitnehmer in Deutschland das Streikrecht zu schlecht garantiert und dieses Menschenrecht damit nicht, wie international gedacht, geachtet wird.

Dies ist teilweise nicht von der Hand zu weisen. So ist bspw. entgegen Art. 6 ESC in Deutschland ein Streik nur zulässig, wenn er auf einen Tarifvertragsabschluss zielt und wenn er von einer Gewerkschaft getragen wird.[110]

Andererseits werden die meisten internationalen Streikrechtsregelungen für die Arbeitnehmer beachtet. Daneben ist auch die deutsche Rechtsprechung bei Streikentscheidungen häufig sehr arbeitnehmer-/gewerkschaftsfreundlich. So ergingen bspw. folgende Entscheidungen:

- Anerkennung des Flashmobs als zulässiges Kampfmittel neben dem Streik, zur Durchsetzung von Arbeitnehmerinteressen.[111]
- Zulässigkeit von Streik/Arbeitskampfmaßnahmen während der relativen Friedenspflicht über noch nicht geregelte Arbeitsbedingungen.[112]
- Für den öffentlichen Dienst wurde festgehalten, dass nicht einfach Beamte auf die Arbeitsplätze von streikenden Kollegen im Angestelltenverhältnis gesetzt werden dürfen.[113] Dadurch soll der Streik als Druckmittel effektiv bleiben.
- Wahl des Streiks als Kampfmittel und Beginn mit seiner Durchführung steht allein Gewerkschaft (und damit den Arbeitnehmern) zu.[114]
- Anerkennung des Unterstützungsstreiks als rechtmäßig (unter bestimmten Umständen).[115]

Die oben genannten Entscheidungen zeigen doch recht deutlich, dass das Streikrecht der Arbeitnehmer effektiv geschützt und umfassend garantiert wird. Dies gilt trotz der zuvor vorgestellten kleineren Einschränkungen.

5.2.2.2 Beamte

Anders sieht es aus für die Beamten. Für sie gilt in Deutschland ein absolutes Streikverbot.[116] Dieses Streikverbot lässt sich mit internationalem Recht nicht vereinbaren. So gewährt bspw. Art. 28 GRC auch Beamten ein Streikrecht, da sie auch Arbeitnehmer i. S. d. Norm sind.[117] Daneben

---

[110] Vgl. Unterkapitel 3.2.2.1 Art. 6 ESC.
[111] Vgl. BVerfG v. 26.03.2014, NJW 2014, 1874.
[112] Vgl. BAG v. 19.06.2007, GG Art. 9 Arbeitskampf Nr. 173.
[113] Vgl. BVerfG v. 02.03.1993, NJW 1993, 1379.
[114] Vgl. ebd.
[115] Vgl. BAG v. 19.06.2007, NZA 2007, 1055.
[116] Vgl. BVerwG v. 27.02.2014, NVwZ 2014, 736.
[117] Vgl. Heuschmid, in: Däubler, Arbeitskampfrecht, 2011, § 11 Rn. 45.

lassen auch Art. 8 IPWSKR, Art. 22 IPbpR und Art. 11 EMRK nur ein Streikverbot für bestimmte Beamte (Polizei, Streitkräfte und Staatsverwaltung) zu. Das deutsche Streikverbot der Beamten wird begründet, mit den hergebrachten Grundsätzen des Berufsbeamtentums, welche in Art. 33 V GG festgehalten sind.[118] Es wird allein am Beamtenstatus festgemacht.[119]

Insb. wird gegen ein Streikrecht der Beamten angeführt, dass Beamte ihr Amt frei von Eigennutz auszuführen haben (gem. § 34 BeamtStG) und ebenso, dass sie sich in einem öffentlich-rechtlichen Treueverhältnis befinden, woraus sich eine Aufgabenerfüllung allein anhand einer Orientierung am Allgemeinwohl ergibt (gem. § 33 BeamtStG). Diese Begründung kann insofern nicht überzeugen, als dass es sich hierbei um einfache Gesetze handelt, die hinter Art. 9 III GG zurück stehen müssten.[120]

Daneben gilt es auch zu beachten, dass die Arbeitsbedingungen der Beamten gesetzlich normiert werden und daher nicht in einem Tarifvertrag regelbar sind.[121] Da Beamte also für eine für sie günstigere Gesetzgebung streiken müssten, würde es sich bei Beamtenstreiks um politische Streiks handeln.[122]

Ein so begründetes absolutes Beamtenstreikverbot wird international als unverhältnismäßig angesehen (da es gegen die EMRK verstößt) und könne daher nur für Beamte mit hoheitlicher Aufgabenwahrnehmung gelten.[123]

Auch die EU kennt ein generelles Streikverbot ggü. Beamten nicht. So haben bereits 2009 ca. 400 Beamte des Rates die Arbeit streikbedingt niedergelegt.[124] Bereits 2013 streikten wiederum ca. 1.000 Beamte der EU für ihre Arbeitsbedingungen.[125]

Es wird aufgrund dieser Entwicklungen wieder vermehrt über ein Streikrecht der Beamten in Deutschland diskutiert.[126] Dies umso mehr, da Angestellte, die die gleichen Arbeiten verrichten, wie die Beamten, streiken dürfen.

Auch das BVerwG anerkennt, dass das generelle Streikverbot der Beamten nicht mit der EMRK vereinbar ist. Dennoch hält es das Streikverbot

---

[118] Vgl. Metzler-Müller, in: Metzler-Müller/Rieger/Seeck/Zentgraf, BeamtStG, 2012, § 34 2.6 Streikverbot.

[119] Vgl. Aufhauser/Warga/Schmitt-Moritz, BayPVG, 2016, Art. 68 Rn. 51.

[120] Vgl. Hensche, in: Däubler, Arbeitskampfrecht, 2011, § 18a Rn. 24.

[121] Vgl. Preis, Kollektivarbeitsrecht, 2012, S. 384.

[122] Vgl. Däubler, Arbeitsrecht, 2015, Rn. 140.

[123] Vgl. EGMR v. 21.04.2009, NZA 2010, 1423.

[124] Vgl. Handelsblatt, EU-Beamtenstreik, 2009.

[125] Vgl. Welt, Beamtenstreik, 2013.

[126] Vgl. Preis, Kollektivarbeitsrecht, 2012, S. 385.

vorerst aufrecht, da es die Legislative in der Pflicht sieht, die Kollision aufzulösen.[127]

Insgesamt lässt sich daher festhalten, dass das Streikrecht der Beamten in Deutschland völlig missachtet wird. Dies ist umso erschreckender, bedenkt man, dass bereits in der Weimarer Republik u. bestimmten Voraussetzungen sogar die Beamten streiken konnten,[128] und, dass das in der Weimarer Zeit hinsichtlich des Koalitionsrechts erreichte, auch heute in Deutschland noch als Mindeststandard gelten sollte.[129]

In Deutschland herrscht daher dringender Handlungsbedarf hinsichtlich des Beamtenstreikrechts, da anderweitig den Beamten ein wertvolles Menschenrecht gänzlich und teilweise grundlos vorenthalten wird.

---

[127] Vgl. BVerwG v. 27.02.2014, NZA 2014, 616.

[128] Vgl. Däubler, in: Däubler, Arbeitskampfrecht, 2011, § 4 Rn. 15.

[129] Vgl. Däubler, Arbeitsrecht, 2015, Rn. 150.

6 Fazit

Geht es in Deutschland mit dem Menschenrecht Streik bergab, wenn man es im internationalen Kontext betrachtet?

Aufgrund der Komplexität des Themas, ist eine generelle Antwort auf diese Frage nicht möglich. Es lässt sich aber insgesamt sagen, dass das Streikrecht der Deutschen national, wie auch international, umfangreich verbürgt ist.[130] Leider ist es hierbei aber nicht für alle Menschen in Deutschland gleichermaßen leicht zu verwirklichen.

Gerade das absolute und generelle Streikverbot der deutschen Beamten entgegen der EMRK und auch der GRC lässt nur konstatieren, dass ihnen das Menschenrecht gänzlich vorenthalten wird. Daran ändern auch die ausführlichen Diskussionen über die Notwendigkeit des Streikverbots nichts. Bedenkt man zudem, dass bereits zur Zeit der Weimarer Republik ein Streik Beamter denkbar war,[131] so kann klar festgehalten werden, dass es zumindest für die Beamten mit diesem Menschenrecht tatsächlich bergab ging. Hier besteht seitens der deutschen Gesetzgebung und auch der Rechtsprechung dringender Handlungsbedarf, um auch den nicht wenigen Beamten sämtliche Menschenrechte zu gewähren, die auch dem Rest der Bevölkerung zustehen.

Für die Arbeitnehmer lässt sich festhalten, dass es zwar in Hinblick auf die internationalen Streikrechtsgarantien kleinere Einschränkungen in Deutschland gibt. Gleichwohl ist die deutsche Rechtsprechung hinsichtlich der Streikausübung und der Fortentwicklung des Streik- und Arbeitskampfrechts sehr arbeitnehmerfreundlich.[132] Deshalb bleibt hier nur festzustellen, dass es zumindest für die Arbeitnehmer mit dem Streikrecht nicht bergab geht. Gleichwohl ist aber zu erkennen, dass an seiner Verwirklichung und seinen Ausmaßen noch gearbeitet werden kann. Ein Idealzustand ist somit also noch nicht erreicht.

Da das Streikrecht in Deutschland auch allein auf den Tarifvertragsabschluss beschränkt ist, ist auch hier noch optimierungsbedarf erkennbar. So sollte es bspw. noch auf weitere Arbeitnehmerinteressen ausgedehnt werden.

Insgesamt ist das Streikrecht in Deutschland also schon gut gefestigt und ein Rückschritt für dieses Menschenrecht nicht erkennbar. Gleichwohl ist es von seiner Idealverwirklichung noch weit entfernt.

---

[130] Vgl. hierzu die Kapitel 3 und 4 dieser Arbeit.

[131] Vgl. Däubler, in: Däubler, Arbeitskampfrecht, 2011, § 4 Rn. 15.

[132] Vgl. Unterkapitel 5.2.2.1 dieser Arbeit.

Literatur- und Quellenverzeichnis

Allgemeine Literatur

Arndt, Hans-Wolfgang/Fetzer, Thomas (Ö-Recht, 2013): Öffentliches Recht, 16. Auflage, München 2013

Aufhauser, Rudolf/Warga, Norbert/Schmitt-Moritz, Peter (BayPVG, 2016), Bayerisches Personalvertretungsgesetz Basiskommentar mit Wahlordnung, 8. Auflage, Frankfurt am Main 2016

Däubler, Wolfang (Arbeitskampfrecht, 2011): Nationale Arbeitskampfrecht, Handbuch für die Rechtspraxis, 3. Auflage, Baden-Baden 2011

Däubler, Wolfgang (Arbeitsrecht, 2015): Arbeitsrecht, Ratgeber für Beruf, Praxis und Studium, 11. Auflage, Frankfurt am Main 2015

Deinert, Olaf (Int-Arb, 2013): Internationales Arbeitsrecht, 1. Auflage, Tübingen 2013

Franzen, Martin/Gallner, Inken/Oetker, Hartmut (EuArb, 2016): Kommentar zum europäischen Arbeitsrecht, 1. Auflage, München, 2016

Hakenberg, Waltraud (Europarecht, 2015): Europarecht, 7. Auflage, München 2015

Hirdina, Ralph (ArbeitsR, 2014): Grundzüge des Arbeitsrechts, 4. Auflage, München 2014

Jarass, Hans/Pieroth, Bodo (GG-Kommentar, 2016): Grundgesetz für die Bundesrepublik Deutschland Kommentar, München 2016

Metzler-Müller, Karin/Rieger, Reinhold/Seeck, Erich/Zentgraf, Renate (BeamtStG, 2012): Beamtenstatusgesetz Kommentar, 2. Auflage, Wiesbaden 2012

Müller-Glöge, Rudi/Preis, Ulrich/Schmidt, Ingrid (ErfK, 2017): Erfurter Kommentar zum Arbeitsrecht, 17. Auflage, München 2017

Oberrath, Jörg-Dieter (ÖffR, 2015): Öffentliches Recht, 4. Auflage, München 2015

Ort, Markus (Streikrecht, 2016): Grundzüge des Streikrechts. Darstellung und kritische Analyse, 1. Auflage, Norderstedt 2016

Preis, Ulrich (Kollektivarbeitsrecht, 2012): Arbeitsrecht, Kollektivarbeitsrecht Lehrbuch für Studium und Praxis, 3. Auflage, Köln 2012

Schubert, Klaus/Klein, Martina (Politiklexikon, 2016): Das Politiklexikon, 6. Auflage, Bonn 2016

Vedder, Christoph/Heintschel von Heinegg, Wolff (EU-Recht, 2012): Europäisches Unionsrecht, EUV|AEUV|Grundrechte-Charte, Handkommentar, 1. Auflage, Baden-Baden 2012

Wollenschläger, Michael (ArbR, 2010): Arbeitsrecht, 3. Auflage, Köln 2010

Onlinequellen

Handelsblatt (EU-Beamtenstreik, 2009): EU-Beamte streiken für mehr Lohn, 14.12.2009, abgerufen am 29.12.2016 unter http://www.handelsblatt.com/politik/international/bruessel-eu-beamte-streiken-fuer-mehr-lohn/3326332.html

Welt, (Beamtenstreik, 2013): EU-Beamte streiken für ihre Luxus-gehälter, 05.02.2013, abgerufen am 29.12.2016 unter https://www.welt.de/wirtschaft/article113401832/EU-Beamte-streiken-fuer-ihre-Luxus-Gehaelter.html

Welt, (Streikrepublik, 2015): Die Illusion von der Streikrepublik Deutschland, 04.03.2015, abgerufen am 29.12.2016 unter https://www.welt.de/wirtschaft/article138070047/Die-Illusion-von-der-Streikrepublik-Deutschland.html

Entscheidungen

BAG v. 30.03.1982 1 AZR 265/80, NJW 1982, S. 2835 – 2838.

BAG v. 19.06.2007 1 AZR 396/06, NZA 2007, S. 1055 – 1062.

BVerfG v. 26.03.2014 1 BvR 3185/09, NJW 2014, S. 1874 – 1877.

BVerfG v. 02.03.1993 1 BvR 1213/85, NJW 1993, S. 1379 – 1380.

BVerwG v. 27.02.2014 2 C 1/13, NVwZ 2014, S. 736 – 744.

BVerwG v. 27.02.2014 2 C 1/13, NZA 2014, S. 616 – 622.

EGMR v. 21.04.2009 68959/01 Enerji Yapi-Yol Sen/Türkei, NZA 2010, S. 1423 – 1425.

Anlagen

Anlage A1: Art. 8 IPWSKR

Artikel 8

(1) Die Vertragsstaaten verpflichten sich, folgende Rechte zu gewährleisten:

a)das Recht eines jeden, zur Förderung und zum Schutz seiner wirtschaftlichen und sozialen Interessen Gewerkschaften zu bilden oder einer Gewerkschaft eigener Wahl allein nach Maßgabe ihrer Vorschriften beizutreten. Die Ausübung dieses Rechts darf nur solchen Einschränkungen unterworfen werden, die gesetzlich vorgesehen und in einer demokratischen Gesellschaft im Interesse der nationalen Sicherheit oder der öffentlichen Ordnung oder zum Schutz der Rechte und Freiheiten anderer erforderlich sind;

b)das Recht der Gewerkschaften, nationale Vereinigungen oder Verbände zu gründen, sowie deren Recht, internationale Gewerkschaftsorganisationen zu bilden oder solchen beizutreten;

c)das Recht der Gewerkschaften, sich frei zu betätigen, wobei nur solche Einschränkungen zulässig sind, die gesetzlich vorgesehen und in einer demokratischen Gesellschaft im Interesse der nationalen Sicherheit oder der öffentlichen Ordnung oder zum Schutz der Rechte und Freiheiten anderer erforderlich sind;

d)das Streikrecht, soweit es in Übereinstimmung mit der innerstaatlichen Rechtsordnung ausgeübt wird.

(2) Dieser Artikel schließt nicht aus, daß die Ausübung dieser Rechte durch Angehörige der Streitkräfte, der Polizei oder der öffentlichen Verwaltung rechtlichen Einschränkungen unterworfen wird.

(3) Keine Bestimmung dieses Artikels ermächtigt die Vertragsstaaten des Übereinkommens der Internationalen Arbeitsorganisation von 1948 über die Vereinigungsfreiheit und den Schutz des Vereinigungsrechts, gesetzgeberische Maßnahmen zu treffen oder Gesetze so anzuwenden, daß die Garantien des oben genannten Übereinkommens beeinträchtigt werden.

Anlage A2: Art. 22 IPbpR

Artikel 22 [Recht auf Bildung von Gewerkschaften]

(1) Jedermann hat das Recht, sich frei mit anderen zusammenzuschließen sowie zum Schutz seiner Interessen Gewerkschaften zu bilden und ihnen beizutreten.

(2) 1Die Ausübung dieses Rechts darf keinen anderen als den gesetzlich vorgesehenen Einschränkungen unterworfen werden, die in einer demokratischen Gesellschaft im Interesse der nationalen oder der öffentlichen Sicherheit, der öffentlichen Ordnung (ordre public), zum Schutz der Volksgesundheit, der öffentlichen Sittlichkeit oder zum Schutz der Rechte und Freiheiten anderer notwendig sind. 2Dieser Artikel steht gesetzlichen

Einschränkungen der Ausübung dieses Rechts für Angehörige der Streit-kräfte oder der Polizei nicht entgegen.

(3) Keine Bestimmung dieses Artikels ermächtigt die Vertragsstaaten des Übereinkommens der Internationalen Arbeitsorganisation von 1948 über die Vereinigungsfreiheit und den Schutz des Vereinigungsrechts, gesetzgeberische Maßnahmen zu treffen oder Gesetze so anzuwenden, daß die Garantien des oben genannten Übereinkommens beeinträchtigt werden.

Anlage A3: Art. 3 des Übereinkommens Nr. 87 der ILO

Artikel 3

1. Die Organisationen der Arbeitnehmer und der Arbeitgeber haben das Recht, sich Satzungen und Geschäftsordnungen zu geben, ihre Vertreter frei zu wählen, ihre Geschäftsführung und Tätigkeit zu regeln und ihr Programm aufzustellen.

2. Die Behörden haben sich jedes Eingriffes zu enthalten, der geeignet wäre, dieses Recht zu beschränken oder dessen rechtmäßige Ausübung zu behindern.

Anlage A4: Art. 28 GRC

Artikel 28 Recht auf Kollektivverhandlungen und Kollektivmaßnahmen

Die Arbeitnehmerinnen und Arbeitnehmer sowie die Arbeitgeberinnen und Arbeitgeber oder ihre jeweiligen Organisationen haben nach dem Unions-recht und den einzelstaatlichen Rechtsvorschriften und Gepflogenheiten das Recht, Tarifverträge auf den geeigneten Ebenen auszuhandeln und zu schließen sowie bei Interessenkonflikten kollektive Maßnahmen zur Verteidigung ihrer Interessen, einschließlich Streiks, zu ergreifen.

Anlage A5: Art. 6 ESC

Artikel 6 – Das Recht auf Kollektivverhandlungen

Um die wirksame Ausübung des Rechtes auf Kollektivverhandlungen zu gewährleisten, verpflichten sich die Vertragsparteien:

gemeinsame Beratungen zwischen Arbeitnehmern und Arbeitgebern zu fördern;

Verfahren für freiwillige Verhandlungen zwischen Arbeitgebern oder Arbeitgeberorganisationen einerseits und Arbeitnehmerorganisationen andererseits zu fördern, soweit dies notwendig und zweckmäßig ist, mit dem Ziele, die Beschäftigungsbedingungen durch Gesamtarbeitsverträge zu regeln;

die Einrichtung und die Benutzung geeigneter Vermittlungs- und freiwilliger Schlichtungsverfahren zur Beilegung von Arbeitsstreitigkeiten zu fördern;

und anerkennen:

das Recht der Arbeitnehmer und der Arbeitgeber auf kollektive Maßnahmen einschließlich des Streikrechts im Falle von Interessenkonflikten, vorbehaltlich etwaiger Verpflichtungen aus geltenden Gesamtarbeitsverträgen.

Anlage A6: Art. 11 EMRK

Art. 11

Versammlungs- und Vereinigungsfreiheit

(1) Jede Person hat das Recht, sich frei und friedlich mit anderen zu versammeln und sich frei mit anderen zusammenzuschließen; dazu gehört auch das Recht, zum Schutz seiner Interessen Gewerkschaften zu gründen und Gewerkschaften beizutreten.

(2) Die Ausübung dieser Rechte darf nur Einschränkungen unterworfen werden, die gesetzlich vorgesehen und in einer demokratischen Gesellschaft notwendig sind für die nationale oder öffentliche Sicherheit, zur Aufrechterhaltung der Ordnung oder zur Verhütung von Straftaten, zum Schutz der Gesundheit oder der Moral oder zum Schutz der Rechte und Freiheiten anderer. Dieser Artikel steht rechtmäßigen Einschränkungen der Ausübung dieser Rechte für Angehörige der Streitkräfte, der Polizei oder der Staatsverwaltung nicht entgegen.

Anlage A7: Art. 9 GG

Art. 9

(1) Alle Deutschen haben das Recht, Vereine und Gesellschaften zu bilden.

(2) Vereinigungen, deren Zwecke oder deren Tätigkeit den Strafgesetzen zuwiderlaufen oder die sich gegen die verfassungsmäßige Ordnung oder gegen den Gedanken der Völkerverständigung richten, sind verboten.

(3) Das Recht, zur Wahrung und Förderung der Arbeits- und Wirtschaftsbedingungen Vereinigungen zu bilden, ist für jedermann und für alle Berufe gewährleistet. Abreden, die dieses Recht einschränken oder zu behindern suchen, sind nichtig, hierauf gerichtete Maßnahmen sind rechtswidrig. Maßnahmen nach den Artikeln 12a, 35 Abs. 2 und 3, Artikel 87a Abs. 4 und Artikel 91 dürfen sich nicht gegen Arbeitskämpfe richten, die zur Wahrung und Förderung der Arbeits- und Wirtschaftsbedingungen von Vereinigungen im Sinne des Satzes 1 geführt werden.